그대에게

그대에게

초판 1쇄 인쇄 2023년 1월 30일
초판 1쇄 발행 2023년 2월 15일

신고번호 제313-2010-376호
등록번호 105-91-58839

그림/시 박순영

발행처 보민출판사
발행인 김국환
기획 김선희
편집 박영수
디자인 김민정

ISBN 979-11-6957-022-0 03800

주소 경기도 고양시 일산동구 연리지로 51, 라몬테이탈리아노 411호
전화 070-8615-7449
사이트 www.bominbook.com

- 가격은 뒤표지에 있으며, 파본은 구입하신 서점에서 교환해드립니다.
- 이 책은 저작권법에 의하여 보호를 받는 저작물이므로 무단 전재와 복사를 금합니다.

시와 그림으로 전하는 힘찬 응원과 따뜻한 위로

그대에게

그림/시 **박순영**

너라는 존재 자체가 이미 꽃이며
너의 웃음꽃이야말로 최고의 꽃이란다

시인의 말

틈틈이 그림을 그리고 그림에서 떠오르는 느낌을 글로 적었다. 글 속에는 교사로 보낸 34년의 흔적과 숨결이 절절하게 배어있다. 강도 높은 학습 지도와 함께 통곡을 이끌어내는 상담사로 생활하는 동안 자연스럽게 알게 된 사실 한 가지가 바로 모든 사람에게는 위로와 응원이 절실하다는 것이다. 상처받았어도 여전히 아름답고 그럴수록 더 소중한 인생들이 나의 그림과 글을 통해 조금이라도 힘과 위로를 얻기를 기대한다.

- 2023년 2월
시인 박순영

목차

시인의 말 • 4

제1부. 봄의 정원

어찌하나 다알리아 • 11
진달래의 노래 • 13
가시밭길이 뭐 어때서 • 15
내 별난 구석아 눈치볼 것 없다 • 17
마음 상자가 너로 가득 찬 날 • 19
소크라테스와 미운 오리새끼의 대화 • 21
장미는 오늘도 날개 손질 중 • 23
신발 끌지 마! 듣기평가 중이야 • 25
실력자 노란 붓꽃 • 27

제2부. 여름날의 호숫가

도라지꽃 빈 가슴에 가을바람 부는 날 • 31
물음에 맞는 답 • 33
우리 옆집 애들 • 35
잘했어, 우리 칸나 • 37
여전히 어린이 • 39
단풍에 풍덩 • 41
우연을 가장한 필연 • 43
심즉리가 이해되는 날 • 45
푸쉬킨의 부탁 • 47

제3부. 가을의 벤치

나타났다 사라지는 것들 속에서 카르페디엠 • 51
여든일곱 겨울 아침 • 53
그림자가 그려낸 목련 • 55
칸트가 소년에게 • 57
남의 말에 휘둘릴 새가 어딨나 • 59
우리에게 사이가 필요한 이유 • 61
흘러가는 것의 의미 • 63
관찰 대신 관조 • 65
두려움 덕분에 • 67

제4부. 그 겨울의 찻집

마음만은 늘 단호해 • 71
해를 따라 도는 이유 • 73
내 사랑 겨울 담쟁이 • 75
포기할 수 없는 네잎클로버 • 77
작약과 춤을 • 79
백조가 된 발레리나 • 81
내가 해줄 수 없는 일이라서 • 83
시각조절장치 점검하는 날 • 85
늦게 자고 일찍 일어나며 수고하는 이유 • 87

〈추신〉
내가 채우는 여백 • 90

제1부

봄의 정원

어찌하나 다알리아

너를 향한 마음이 쉬지 않고 피어나더라
꽃잎마다 접어서 숨기고 감추었지

끝까지 접고서도 어쩌지 못한
마음 한 자락이

깊은 한숨에 새어 나와
하필 바람에게 들켰다

진달래의 노래

너를 보기 역겨워서 떠난다는데
나를 따다 가는 길엔
왜 뿌리는지

갈 사람 가라 하고 돌아서면 될 것을
나를 밟아 뭉개라고
왜 하는 건지

가시밭길이 뭐 어때서

딱새가 춤을 추는 조건은 딱 세 가지
지금 당장
그냥 여기서
약간의 아이디어

딱새가 춤추지 못할 때의 이유도 딱 세 가지
잘해야지
더 잘해야지
최고로 잘해야지

내 별난 구석아 눈치볼 것 없다

별난 구석이 있다는 것은
별처럼 반짝일 수 있다는 것

유별나다는 것은
유난히 반짝일 수 있다는 것

특별하다는 것은
가장 나답게 빛날 수 있다는 것

마음 상자가 너로 가득 찬 날

사과 한 상자
보기만 해도 배부를 때가 있지만
바라볼수록 배고플 때도 있다

너도 그렇다
생각만 해도 웃음이 날 때가 있었는데
보고 있어도 보고 싶다

소크라테스와 미운 오리새끼의 대화

너 자신을 알라는 말은
자신을 모른다는 사실부터 알라는 말이고
자신을 제대로 알기란 쉽지 않다는 말이다

꽃의 왕으로 부귀를 상징하는 모란이
자신을 엉성한 채송화로 여기며
낮은 자존감으로 살 수도 있다는 말이다

모든 상황 속에서 애써 자신을 찾고
자신과의 대화를 이어가야 하는 진짜 이유는
자신을 알고 사랑해야 행복하기 때문이다

장미는 오늘도 날개 손질 중

목소리가 허공으로 날아갈 때
혀와 입술이
의미의 날개를 달아주는 것처럼

장미도 그의 뿌리와 작별할 때
의미를 보여줄
날개가 필요했다

그 비밀스런 고독 속에서 가시가 돋았다
함부로 다뤄지지 않겠다는 의미의
다소 단단한 날개였다

신발 끌지 마! 듣기평가 중이야

문득 삶이 말을 걸어온다
누구냐
왜 사냐
어디로 가냐

감정과 몸의 상태를 통해
심오한 질문을 해온다
그때 섣불리 답을 정하지 마라
오히려 조용히 귀를 기울여라

깊은 내면에서 울려오는
영혼의 소리가 들리기 시작할 때
숭고한 나만의 인생이
악수를 청해올 것이다

실력자 노란 붓꽃

노란 붓꽃
아이리스 코리아나
우리나라 꽃이다
그대를 믿는다는 꽃말을 가졌다

믿는 것도 실력이다
누가 나를 믿어주는 것은
내 실력이 아니라
그 사람 실력인 것이다

누군가가
믿음직스럽지 않은 것은
그 사람 문제가 아니라
내 문제일 수 있다는 것이지

제2부

여름날의 호숫가

도라지꽃 빈 가슴에 가을바람 부는 날

들녘이 비어간다고
모든 것이 사라지는 것은 아니다
창고에 가득히 쌓여가니까

눈 앞에 네가 없다고
내게서 사라진 것은 아니다
그리움으로 나날이 쌓여가니까

물음에 맞는 답

어떤 아버지가 하나님께 물었다
저에게 주신 이 딸이
저의 것입니까 당신의 것입니까
그 딸은 커서
나라의 최고 책임자가 되었다

그 딸도 하나님께 물었다
저에게 맡기신 이 나라가
저의 것입니까 당신의 것입니까
그 나라는 그녀와 함께
타협과 통합을 이루며 견고해졌다

우리 옆집 애들

바로 지금
여기가
천국

천국은
이런 자들의 것

잘했어, 우리 칸나

어느 날 알게 되었다
자랑질이 얼마나 위험한 일인지를

고자질이
그토록 천박한 일인 것도 알았고

정말 기막힌 일은
지적질인 것까지 알게 되었다

유난스레 흔들렸지만 유혹들을 참아냈고
행복한 종말과 존경이라는 이름을 얻었다

여전히 어린이

우리는 모두
전에 어린이였다

실수와 과오를 인정하는 아픔이
긴 세월 녹아들었어도

존재를 향한 다정한 인사를
참을 수 없다

단풍에 풍덩

그대
아는가
영혼에도 양식이 필요하다는 것을

만물에 깃들인
창조 질서를 보고 감탄하는 것이
영혼에 보약이 된다는 것을

우연을 가장한 필연

우리가 최악이라고 여기는
괴로운 상황 속에도
나름의 의미가 있는 법이다

우연처럼 보이지만
필요에 따라 찾아온
필연이기 때문이다

긴 시야로 내다보면
행운으로 바뀌어
우리를 돕게 될 것이 분명하다

심즉리가 이해되는 날

살아있다는 증거로
잎과 꽃을 피워야 하고
열매를 맺어야만 하는 것은 아니다

바이칼 호수에서 만난 그 나무는
마른 가지의 선과 빛깔과 그 파장으로
내 마음에 생생하게 살아있다

존재하는 모든 것들은
어쩌면 누군가의 마음에 담겨서
이렇게 살고 있는 것이 아닐까

푸쉬킨의 부탁

그대 얼굴에 가득한 그 미소가
그대의 삶에도
가득하기를

삶이 그대를 속일지라도
슬퍼하거나
노여워하지 말고

제3부

가을의 벤치

나타났다 사라지는 것들 속에서
카르페디엠

나팔꽃도 물방울도 이파리도
잠시 나타나 찬란하고는
서둘러 사라져 간다

순간의 찬란함은 영원으로 이어지고
여기 이곳은 우주로 연결되며
충만한 삶으로 가는 문은 바로 지금이라는 문이다

여든일곱 겨울 아침

밤새 빈 들을 서성이던
가늘고 긴 바람이
가슴속으로 파고든다

시린 가슴 달래려고
뜨거운 차 한 잔을
후후 불며 마신다

늘 그립던 얼굴들이
시린 겨울 아침
더욱 그립다

그림자가 그려낸 목련

강점을 강조하여
쓸모 있는 물건이 될 수도 있지만
약점을 인정하고 공들여서
감동적인 작품이 될 수도 있다

목련의 어두운 그림자를
공들여 그리다 보면
하얗게 피어나는 이치를
이제는 인정해야 한다

칸트가 소년에게

혹시라도 자신을
쓸모없는 존재라고
함부로 판단하지 마라

사람은
다른 것을 위한 도구로 취급되면 안 된다
그 자체가 목적으로 대우받아야 되거든

부모에게 꽃이 되려고 너무 애쓰지 마라
너라는 존재 자체가 이미 꽃이며
너의 웃음꽃이야말로 최고의 꽃이란다

남의 말에 휘둘릴 새가 어딨나

새를 쳐다본
백 명의 사람들이
백 가지의 말을 하고 지나갔다

새는 알게 되었다
남의 말이란 참고만 하면 될 뿐
인생을 걸 필요까지는 없다는 것을

우리에게 사이가 필요한 이유

너와 나 사이에
신의 숨결이 불어오면
아름다운 피리 소리가 날 거야

우리가 마주 보는 공간에
어느 아버지의 긴 한숨이 머물면
삼킨 눈물 몇 방울 맺힐 수도 있겠지

하늘 맑은 어느 날
초록 숲을 달려온 바람이 쌩쌩 지나가면
아자아자 하이파이브를 할 수도 있잖아

흘러가는 것의 의미

그대에게 가득한 것으로만
흘러가게 하라

가지지 않은 것까지 주려 하면
탈진되어 공허해진다

그대를 통해 흘러간 것에 감사하고
주었다는 생각조차 들지 않는 것이 복이다

관찰 대신 관조

바라보면서도
생각이 멈춘 그때

간섭이 없는
창조적인 마음에서

모든 판단이 사라지고
천지만물은 친구가 된다

두려움 덕분에

어린 나이에도
어른의 때에도
사는 것은 두려움이다

운명도 아니고
친구도 아닌 두려움은
수시로 찾아와 주인 노릇을 한다

두려움의 통증에서 벗어나려다 지혜를 찾았고
두려움에 맞서다가 용감해졌고
두려움을 희망으로 바꾸는 요령도 생겼다

제4부

그 겨울의 찻집

마음만은 늘 단호해

호박꽃도 꽃이냐고 쉽게 말하지 마라
그러는 너야말로
그러고도 네가 인간이냐

호박꽃 평생에
여러 번 생각했지만
한 번도 해보지 못한 말이다

해를 따라 도는 이유

가슴에 품은
그 많은 씨앗들에게 햇빛을 쪼여
영글게 하려는 사랑 때문이지

해를 향해
꼿꼿하게 고개를 들도록
단단히 붙잡아주는 뒷심 덕분이야

사랑 때문에
더 큰 사랑 덕분에
해바라기가 돌고, 나도 돌고, 지구도 돈다

내 사랑 겨울 담쟁이

살다 보면
아무것도 할 수 없어
죽은 듯이 견디기만 해야 할 때도 있다

신의 은총은 나만 비껴갔고
기도할 기운조차 없어
먼지가 되었다고 느낄 때가 있다

그때야말로 신의 부축을 받는 때이며
찬란한 인생들이 거쳐가는 당연한 때인 것을
푸르디 푸른 계절이 오면 알게 된다

포기할 수 없는 네잎클로버

행운이 너무 멀리 있다고
불평하는 동안에는
가까운 곳의 행복도
보이지 않았다

일상의 행복을 찾아 누리며
미소 짓는 동안에
멀리 있던 행운이
어느새 곁에 와 있다

작약과 춤을

작약은
모데라토
보통 빠르기로 춤추고 있다

나는
멈춘 듯이
고요하게 바라보고 있다

우리는
서로에게
호흡을 맞추고 있다

백조가 된 발레리나

가뿐히 날아오르고
사뿐히 내려서기

뱅글뱅글 돌다가
상냥한 한 발 내딛기

뼛속까지 비우는 가벼움과
흔들리지 않는 무게중심을 동시에 갖추기

그 얼마나 많은
영혼 조율의 시간이 필요했을까

내가 해줄 수 없는 일이라서

이 아이가 잘 자라서
선한 일에 지혜롭고
악한 일에는 미련하며

그가 하는 모든 일이
합력하여 선을 이루고
선으로 악을 이길 뿐 아니라

그의 선한 영향력이
온 세상에 두루 퍼지기를
간절히 기도합니다

시각조절장치 점검하는 날

늘 내려다보던 풀꽃이었다
바닥에 누워 우연히 올려다보고
하늘 향해 두 팔 벌린 웅장함에 놀랐다

그의 아래로 내려가
같은 방향을 보고 나서야
풀꽃의 소망을 이해하게 되었다

바라보는 방향을 조절하지 못해서
한편만 보고 결론지어 버리는 것도
일종의 장애로 봐야 맞지 않을까

늦게 자고 일찍 일어나며
수고하는 이유

백조는 저절로 희고
장미는 저절로 곱다
본성이기 때문에
바꾸려는 노력이 필요 없다

사람은
씻고 가꾸는 노력을 해야 깨끗하고 곱다
훼손된 선을 타고난 복구 본능 때문에
더 나아지려는 노력을 계속하는 것이다

추신

자신의 이야기를
자유롭게 써보세요.